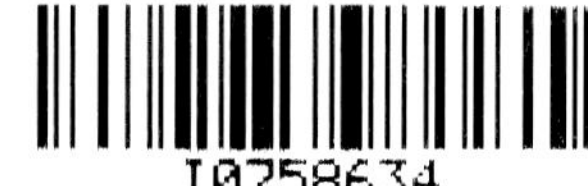

This Coloring Book Belongs to ....

....

....

....

....

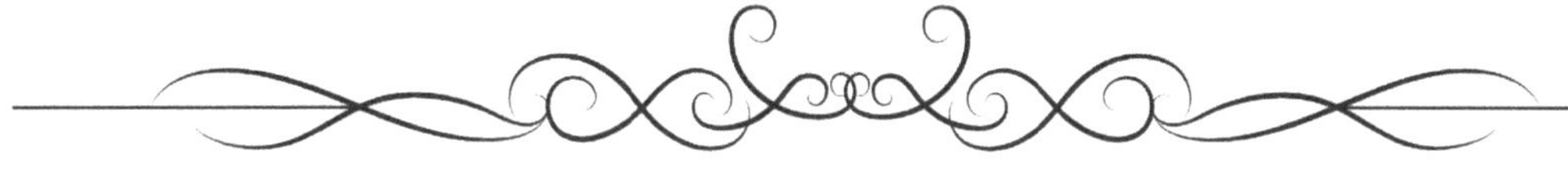

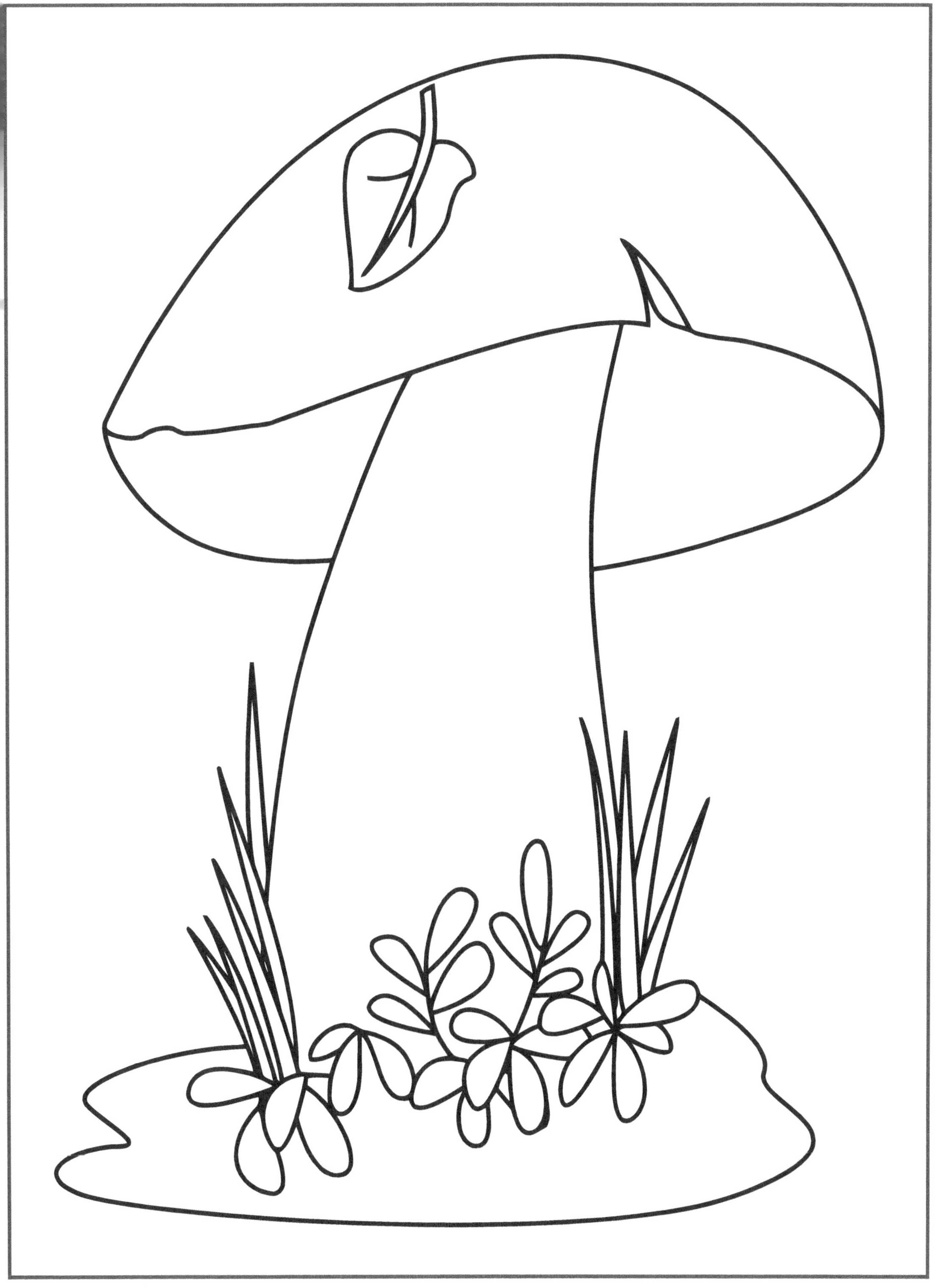

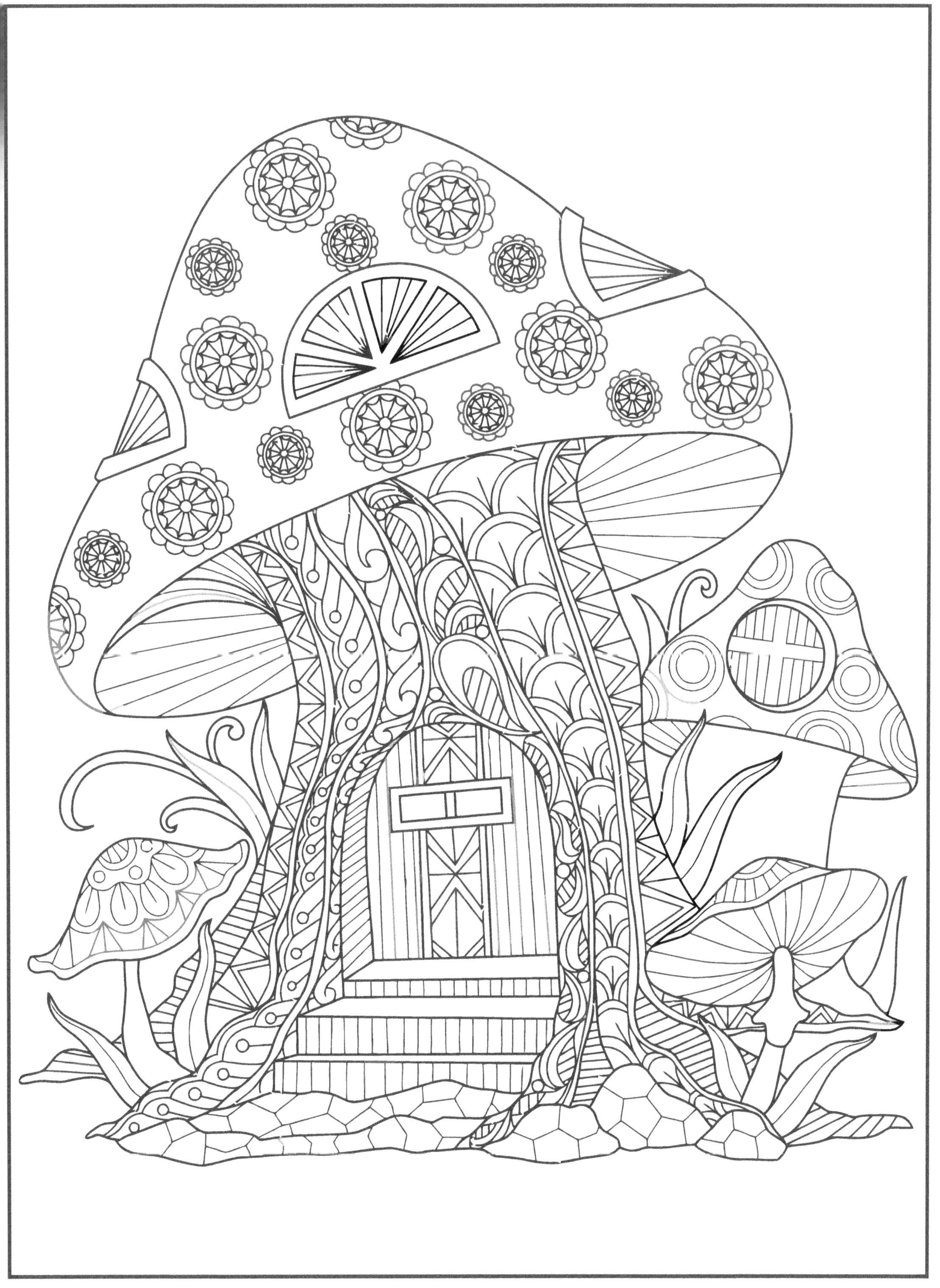

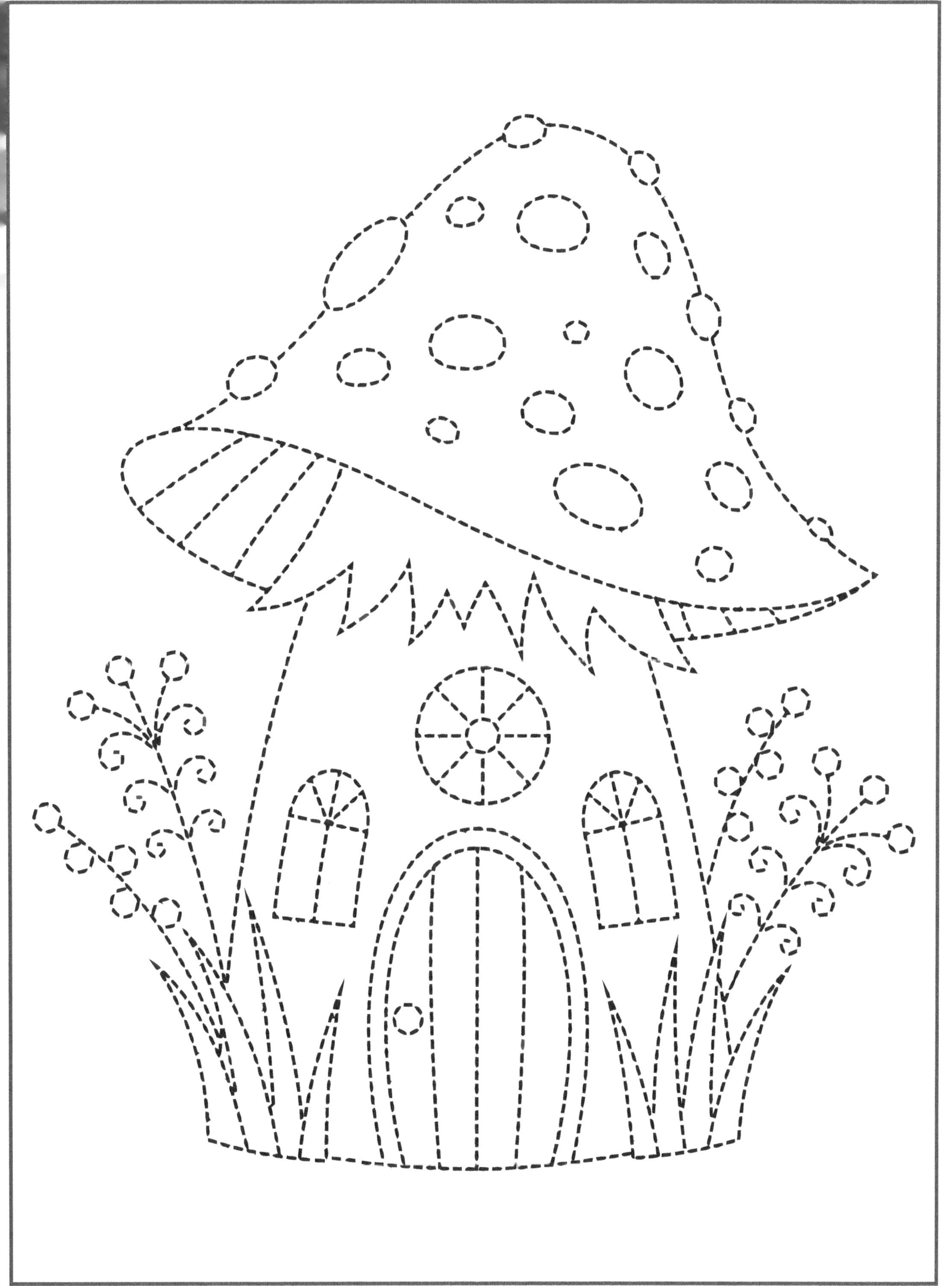

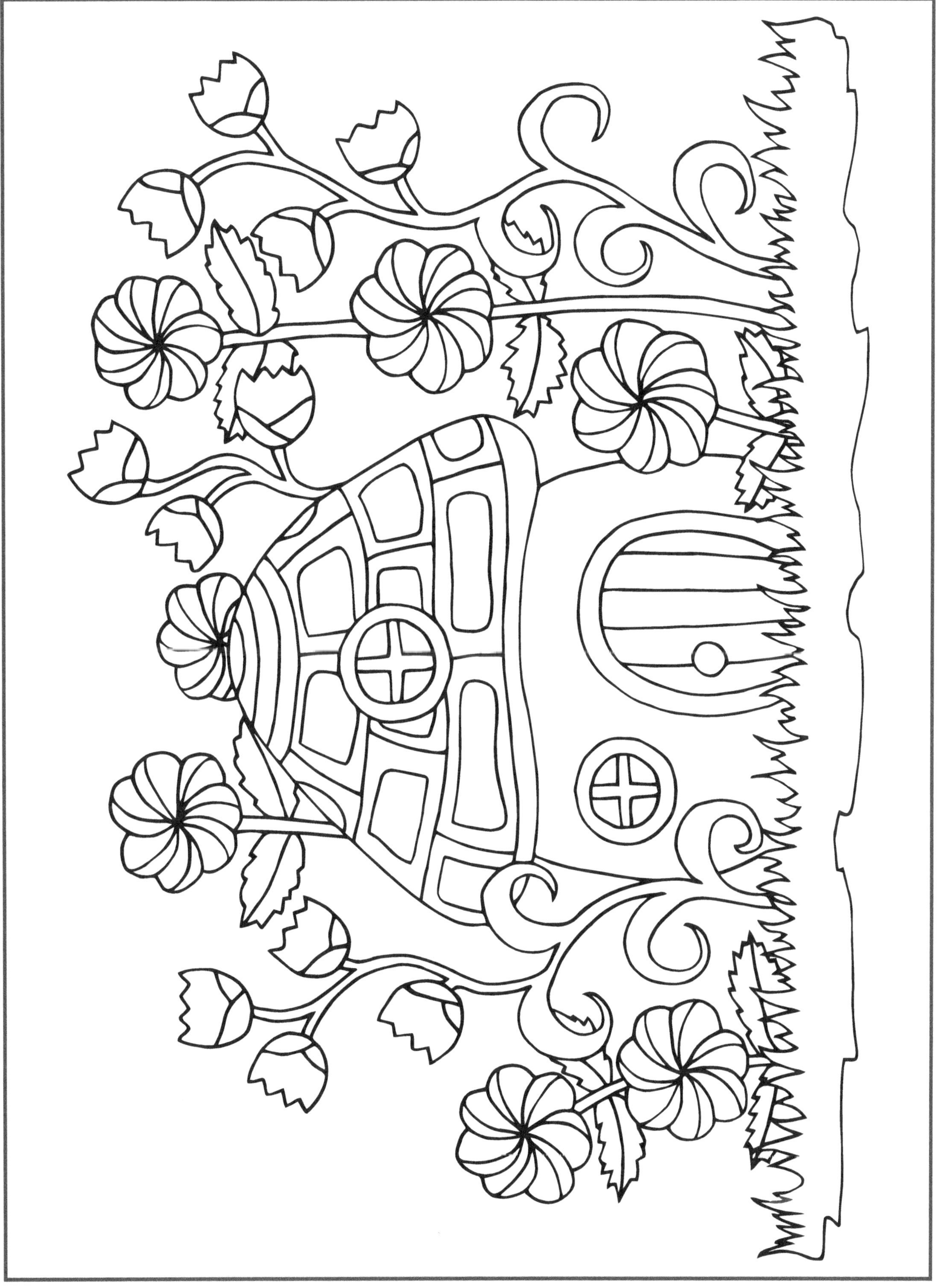

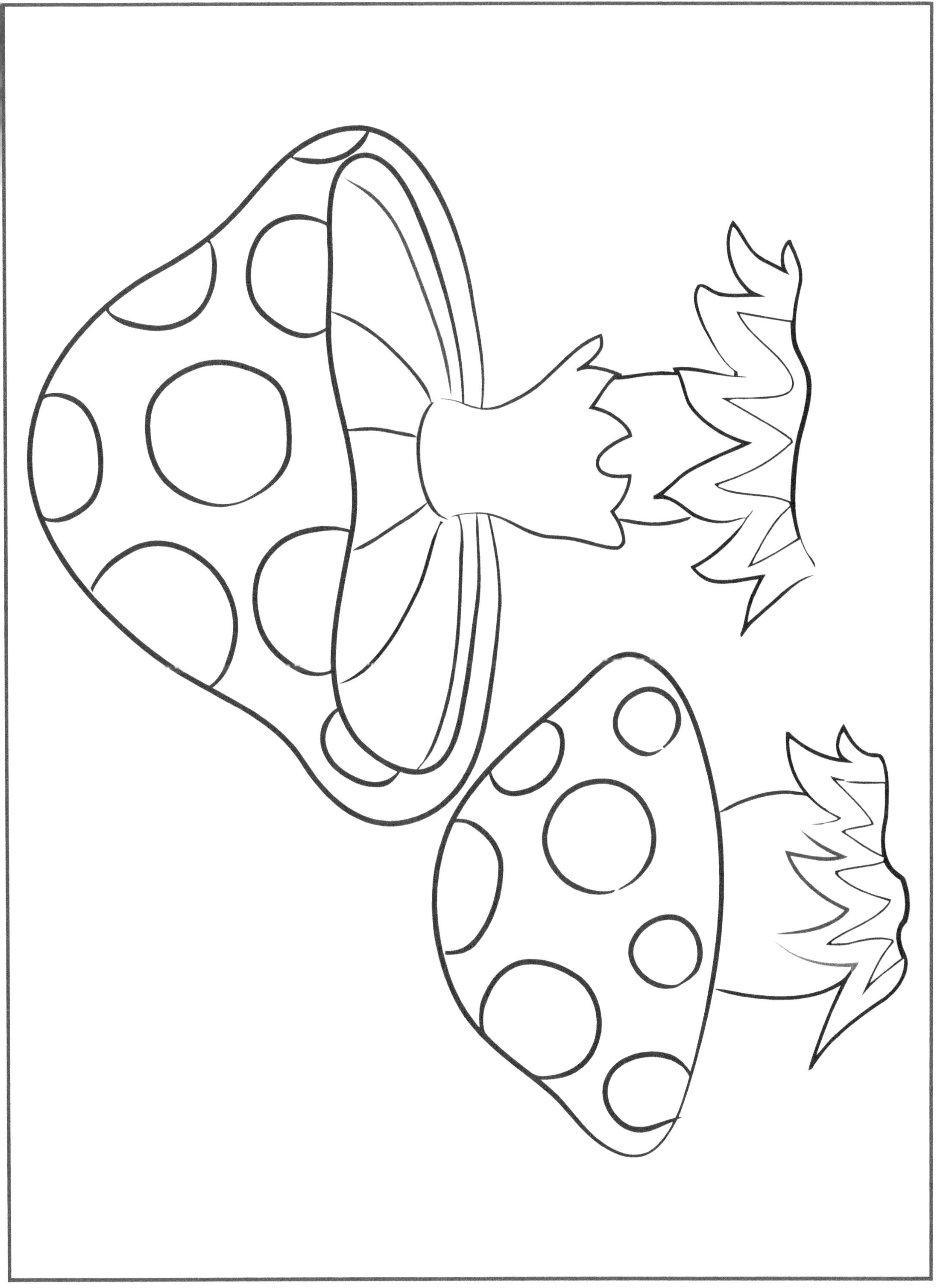

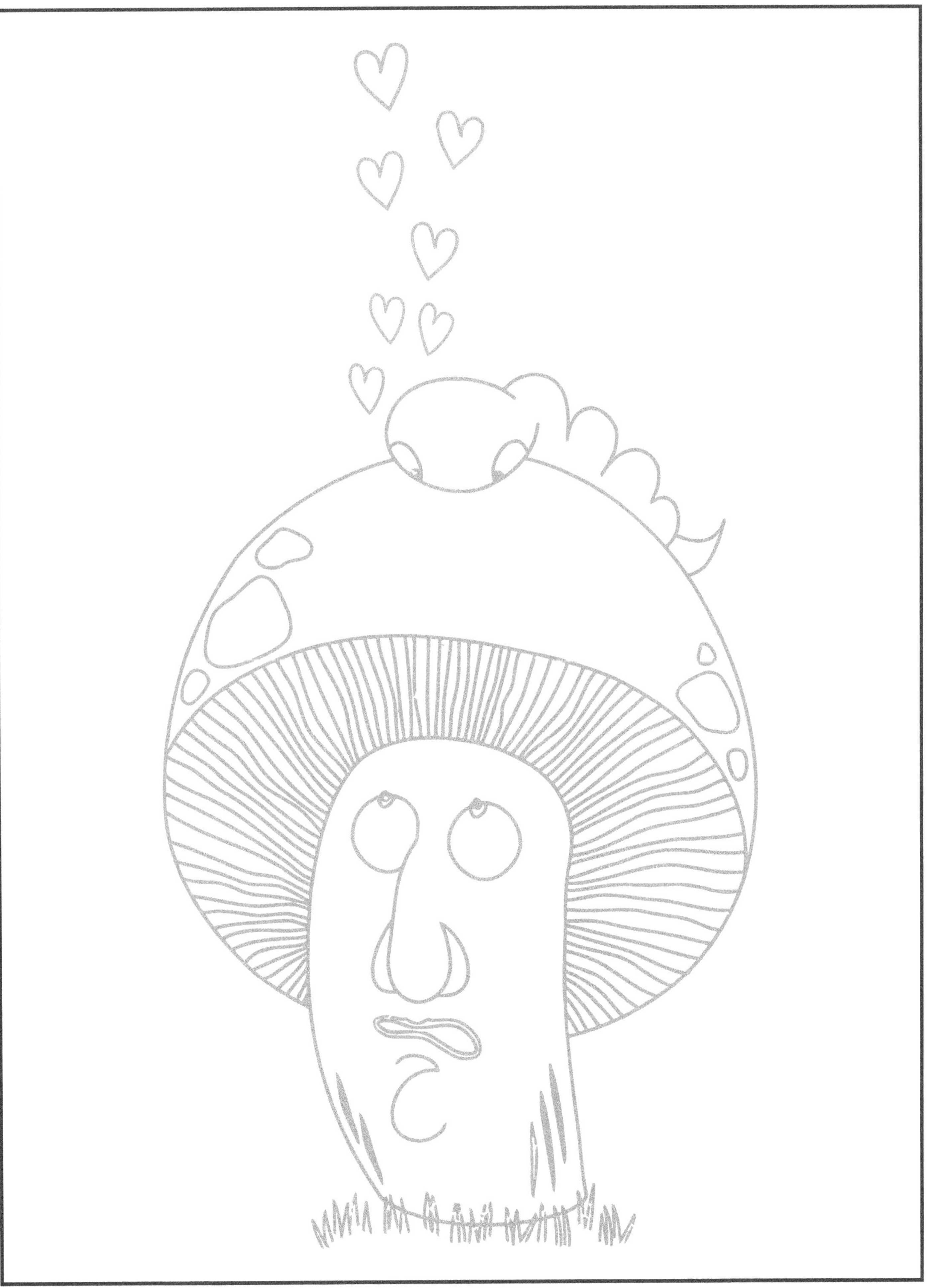

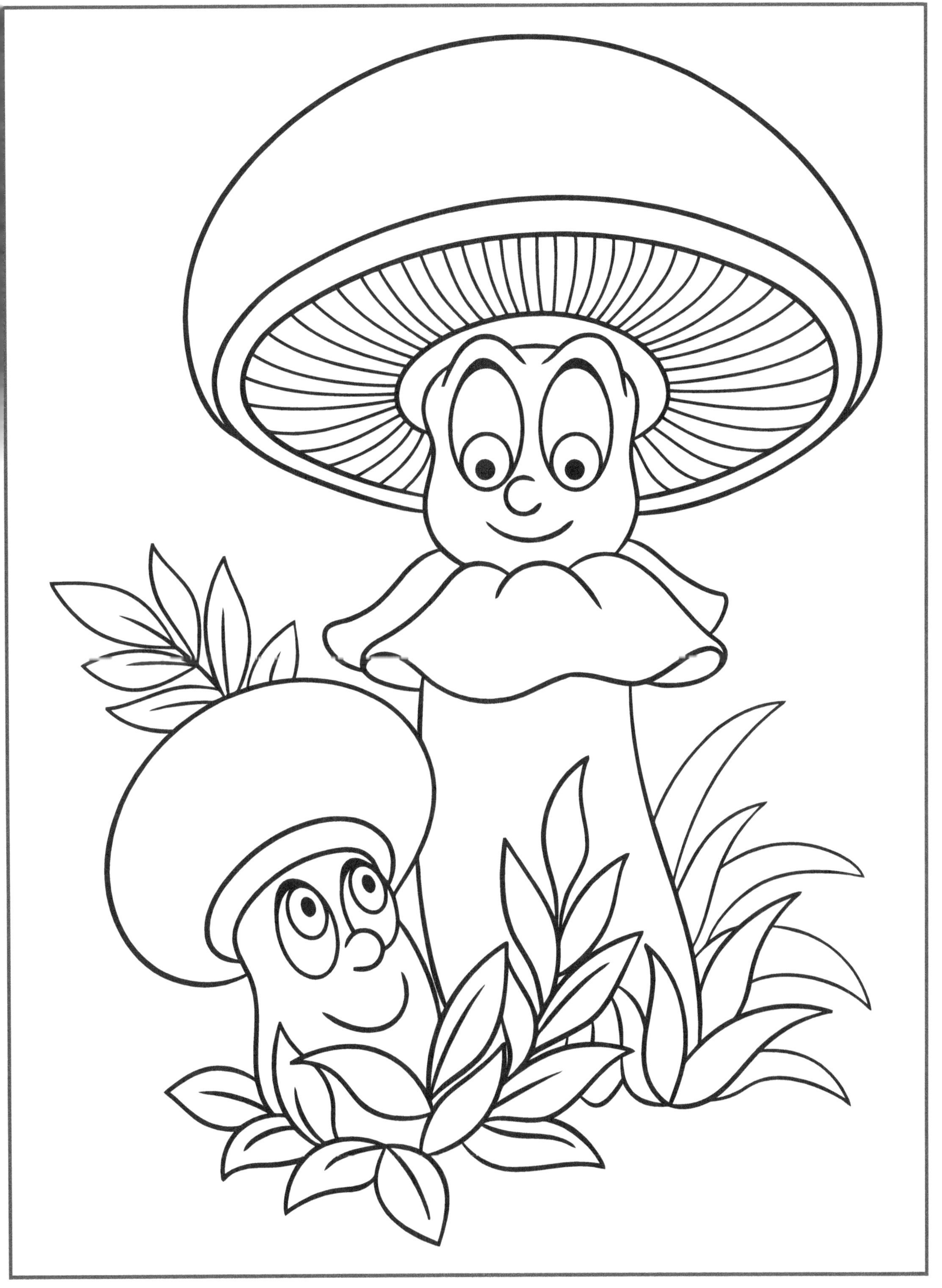

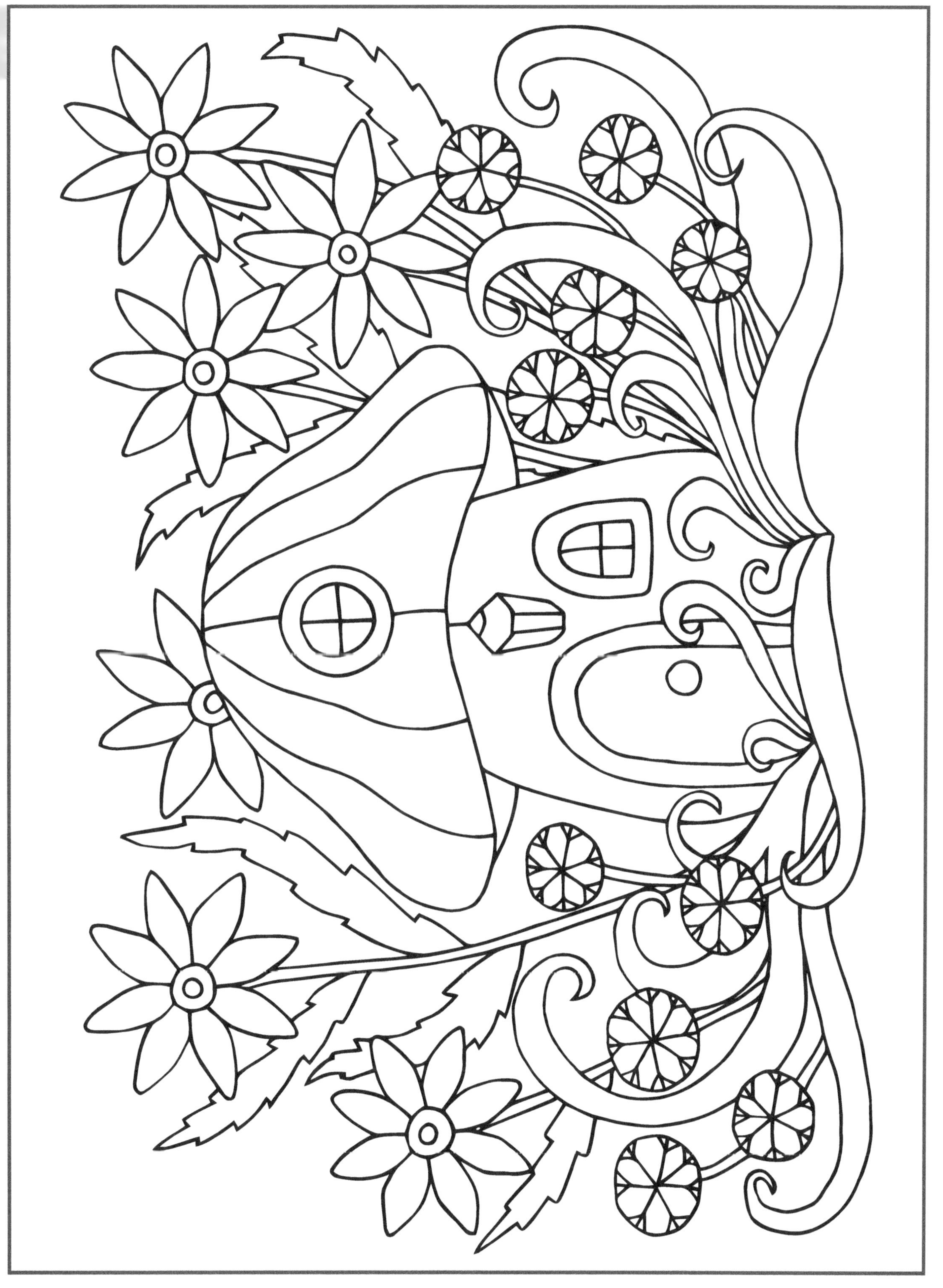

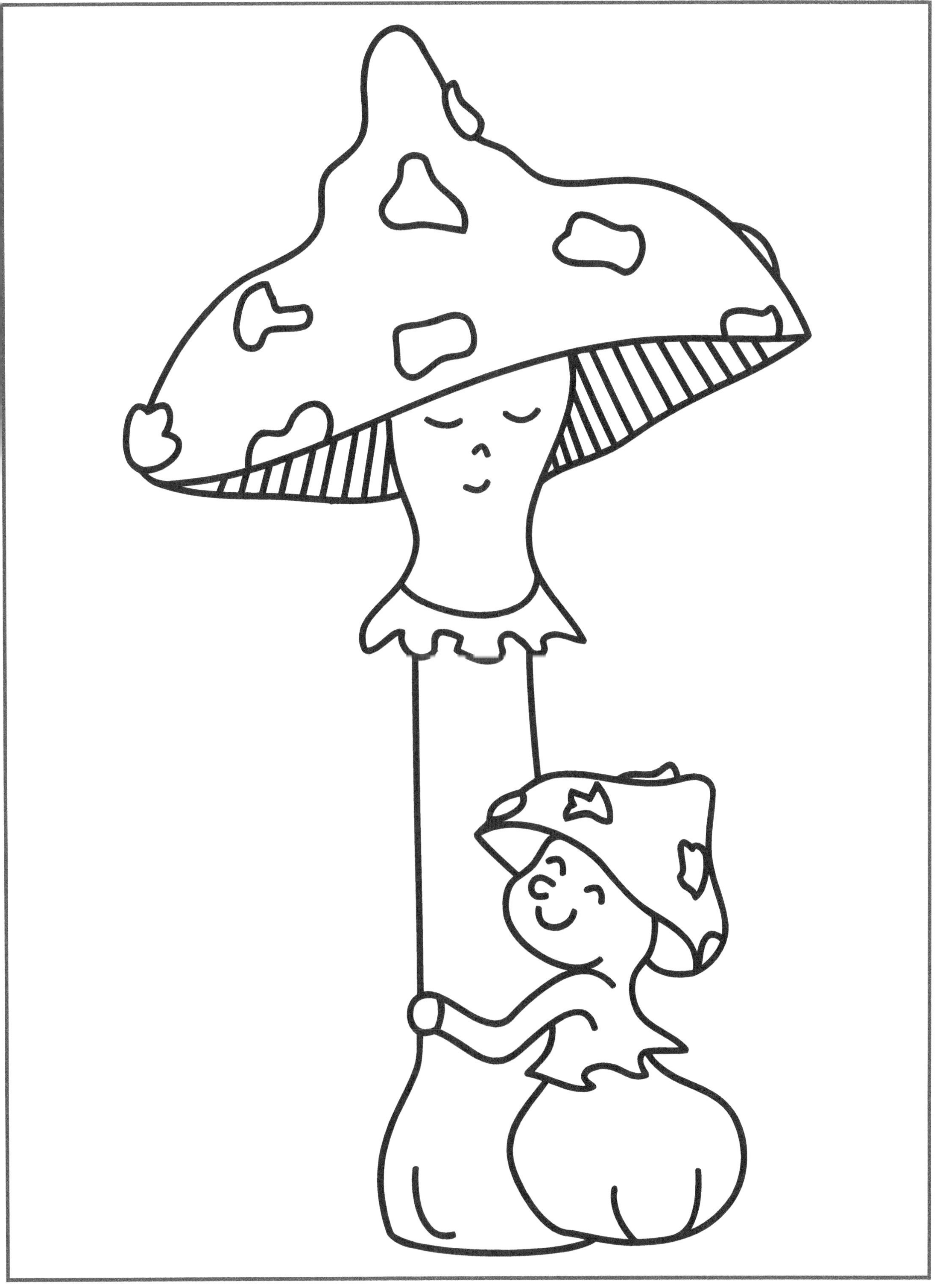

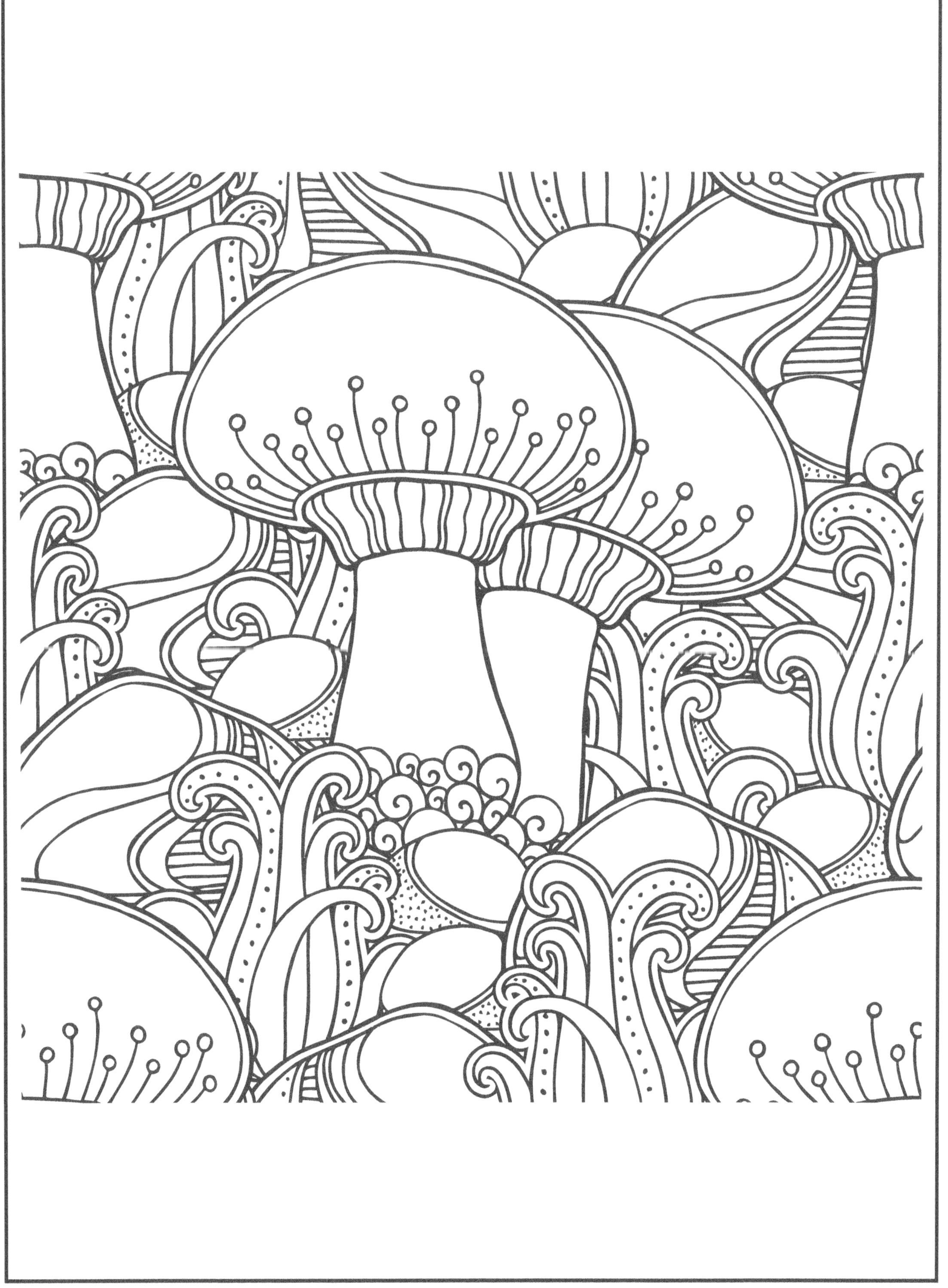

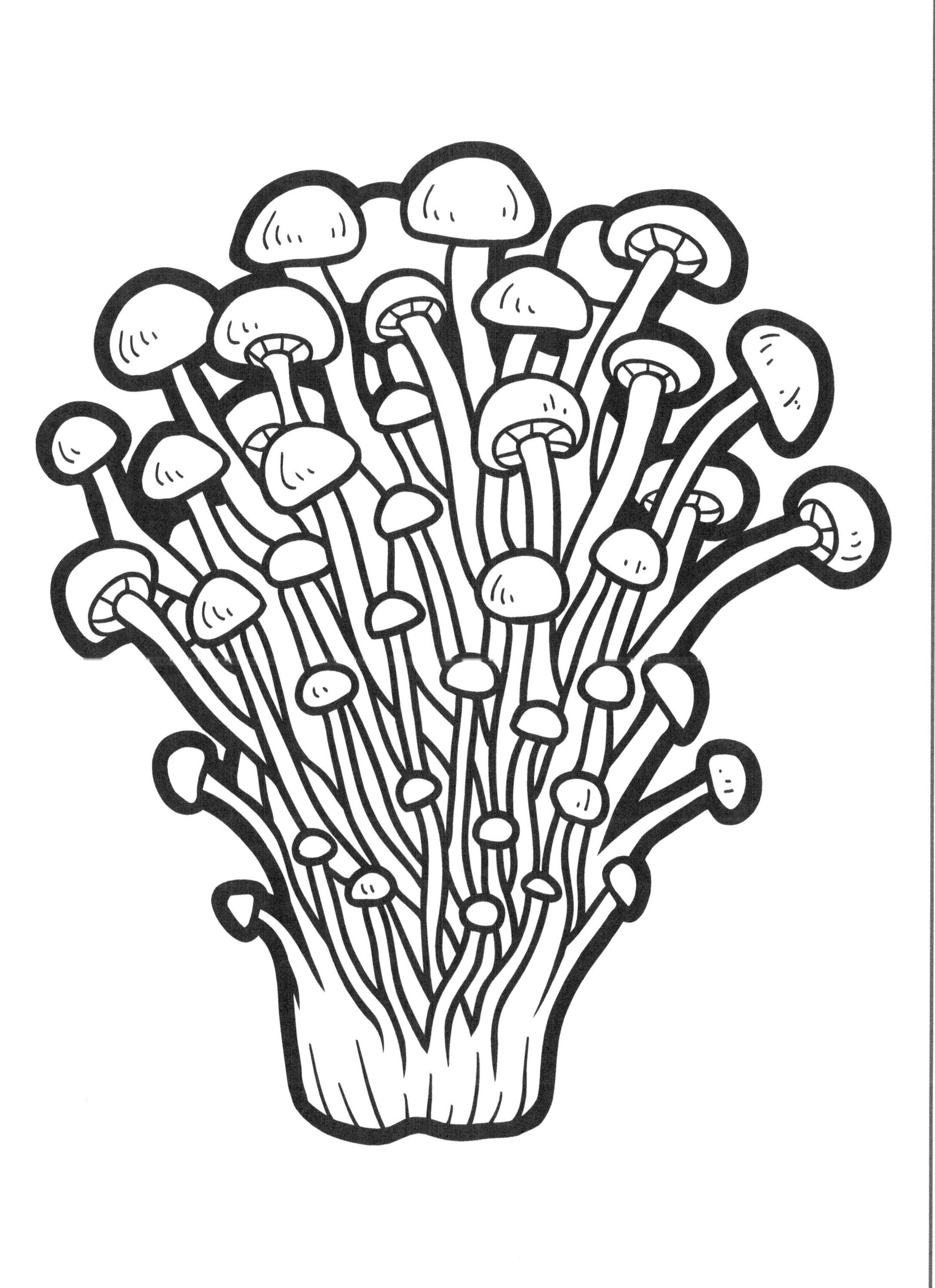

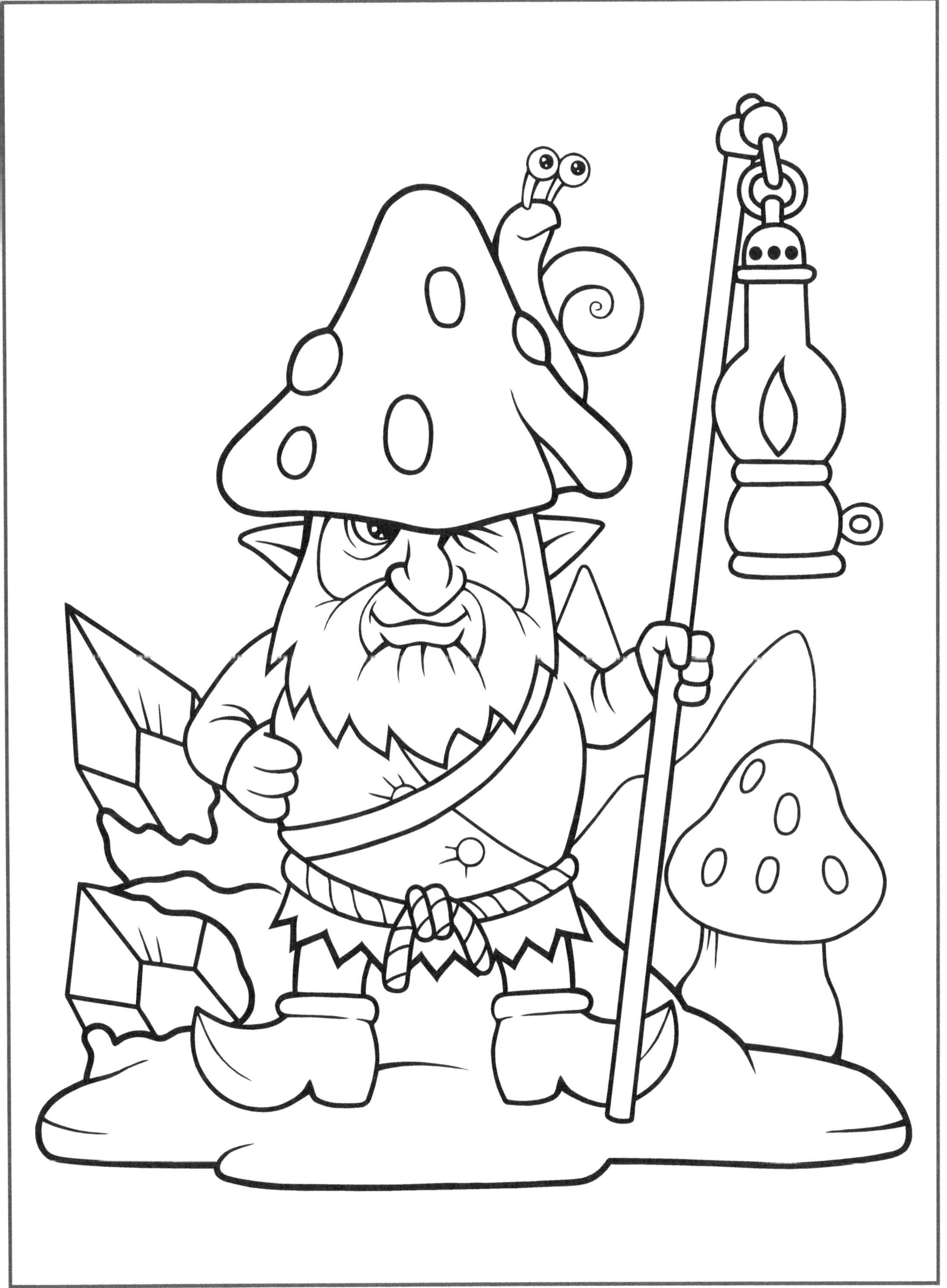

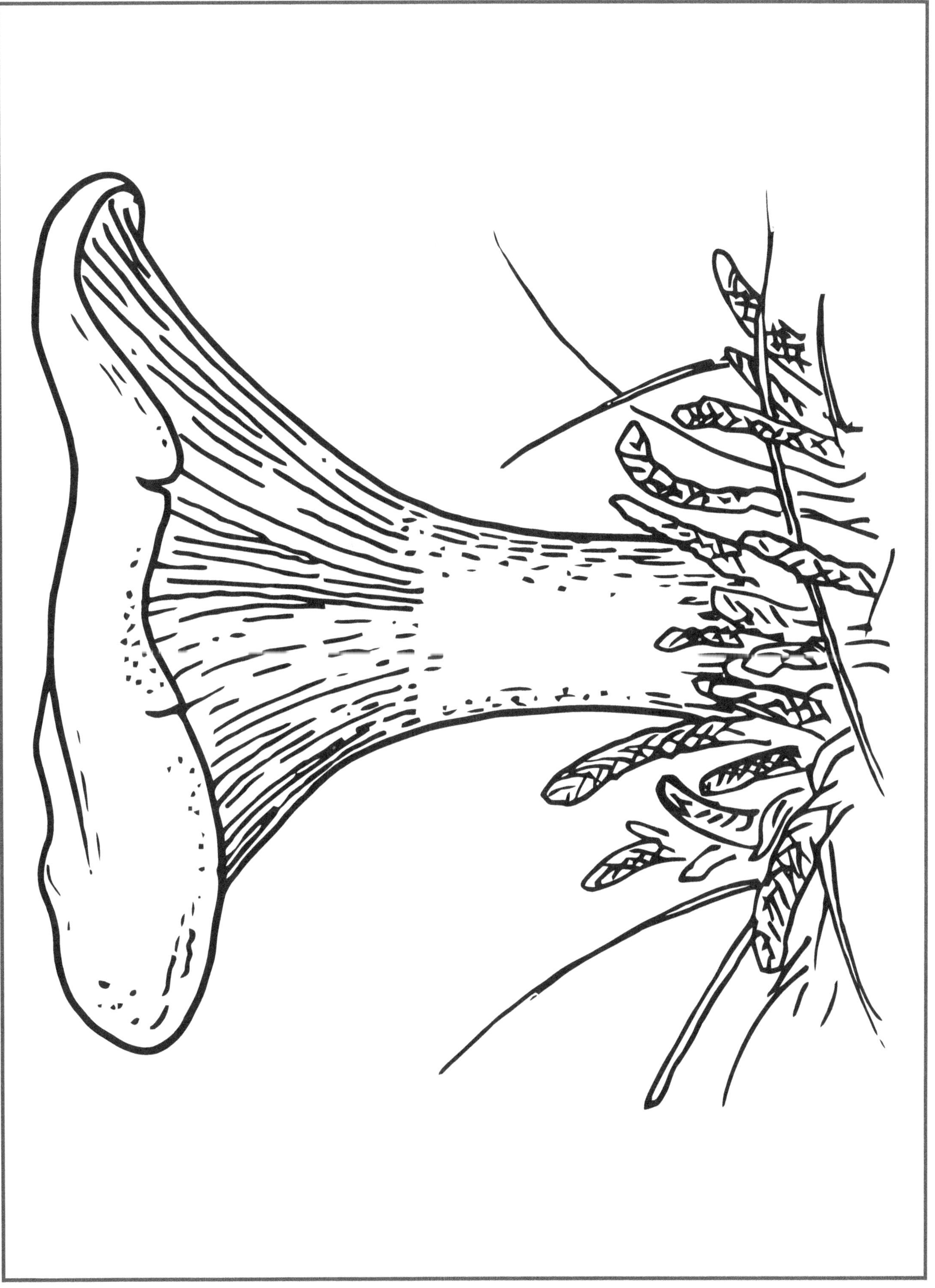

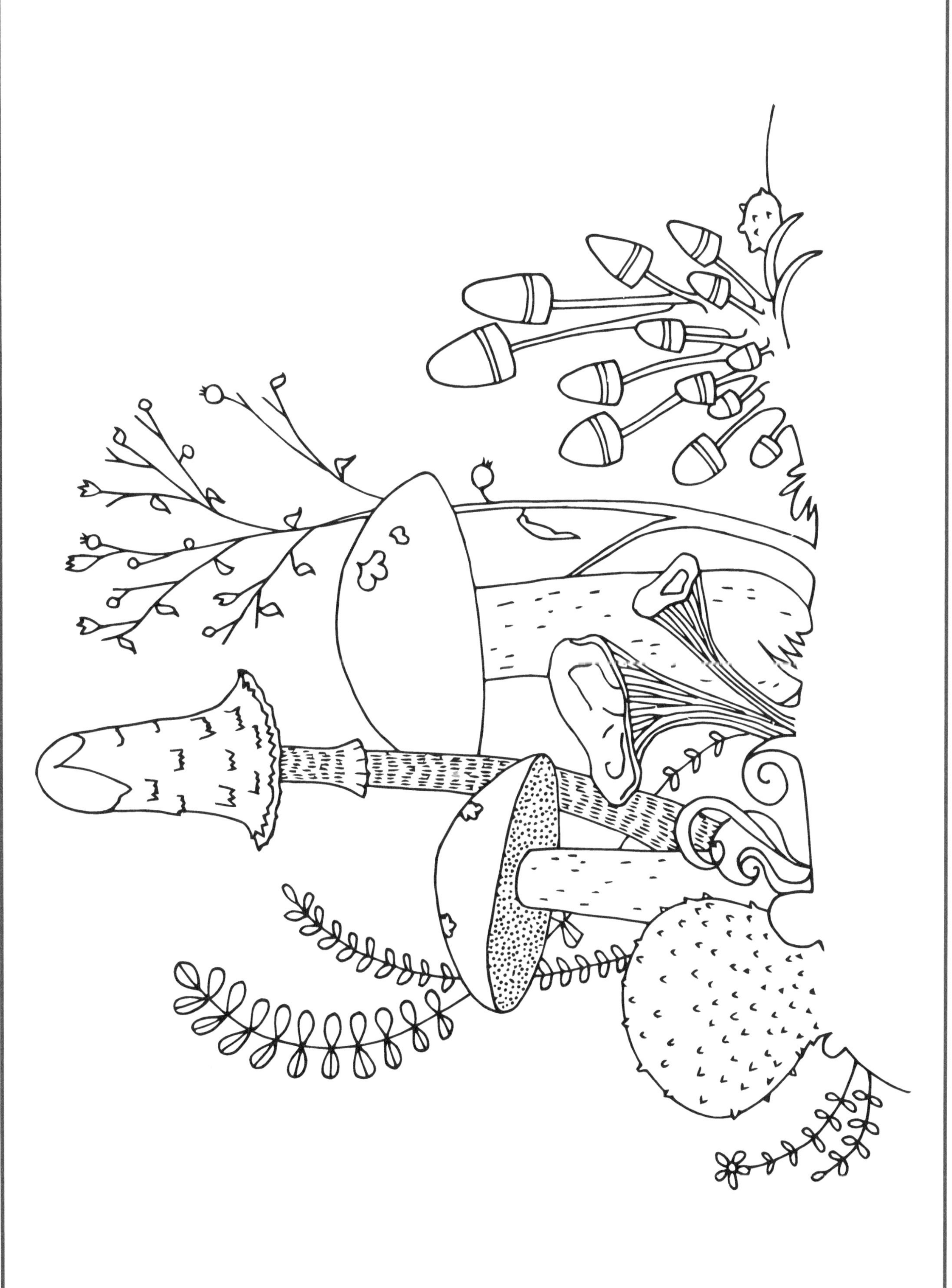

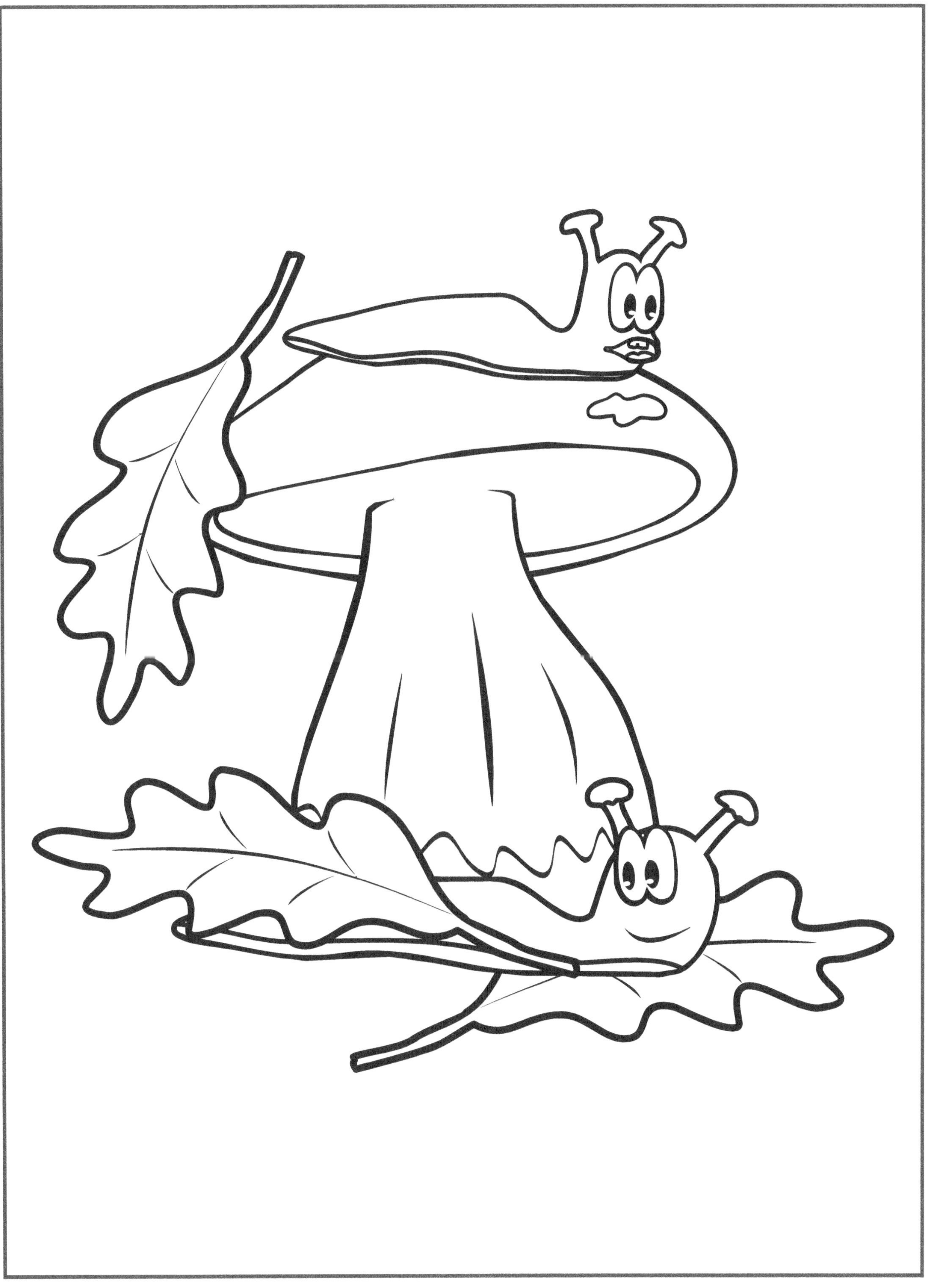

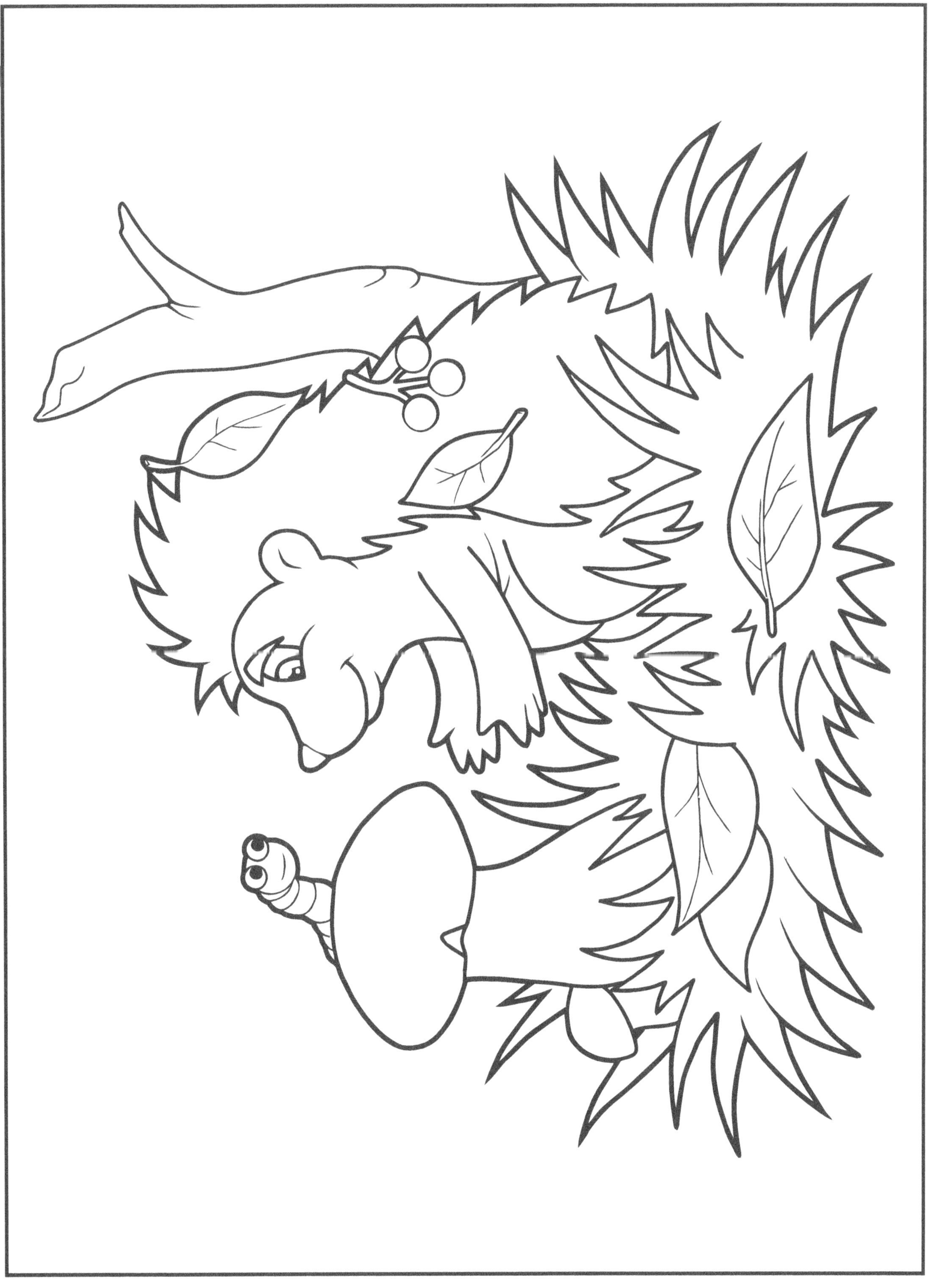

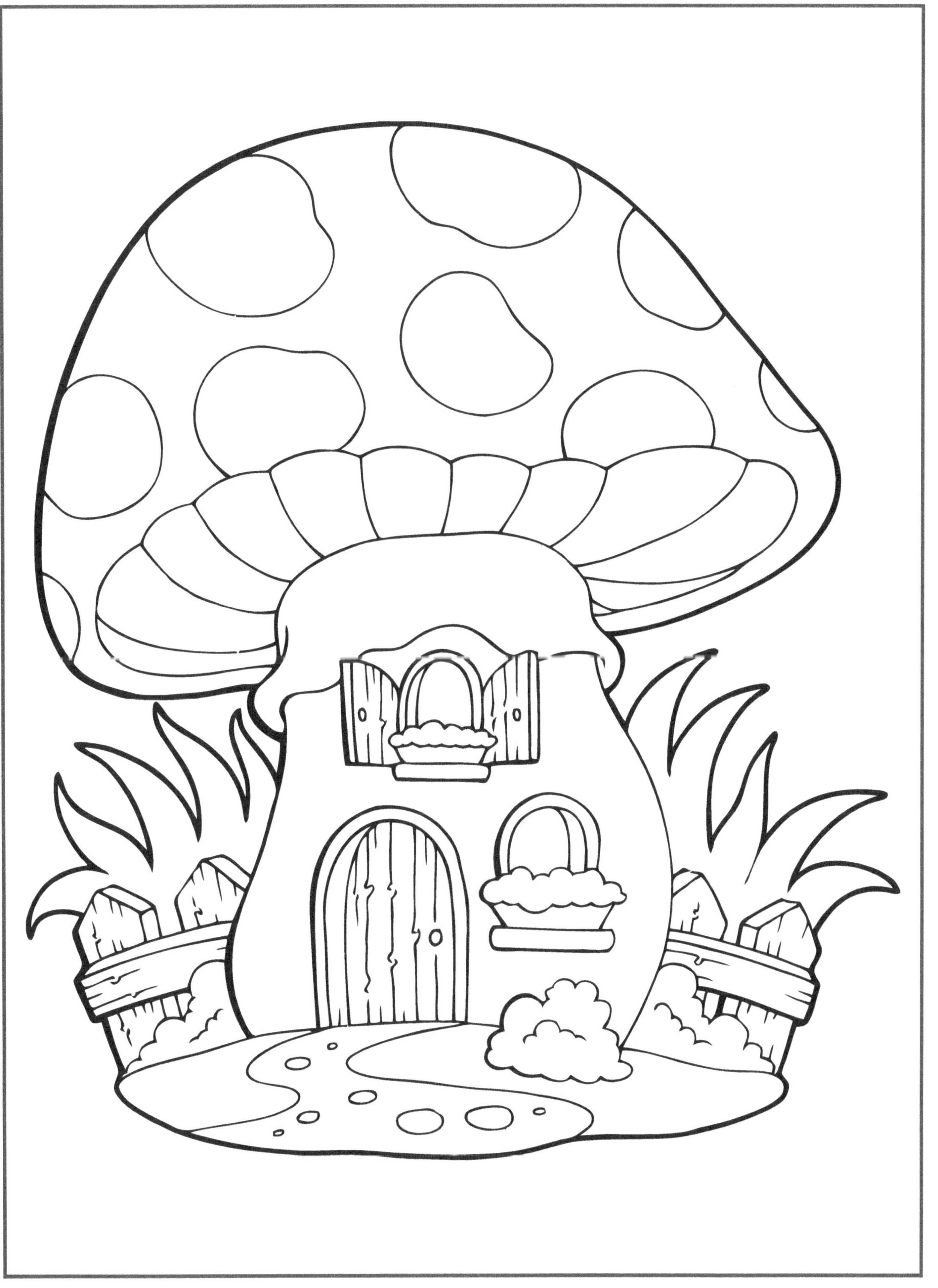

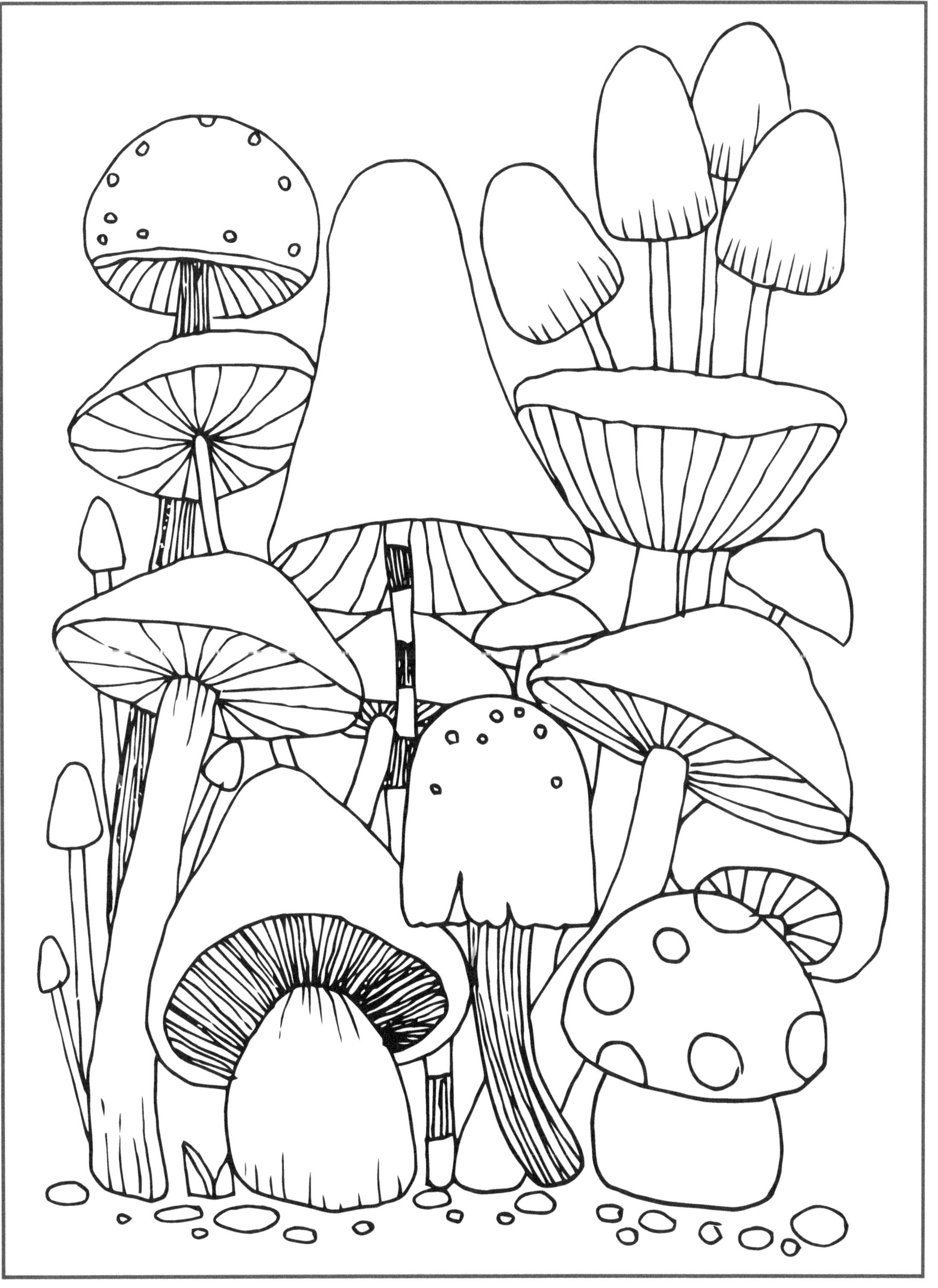

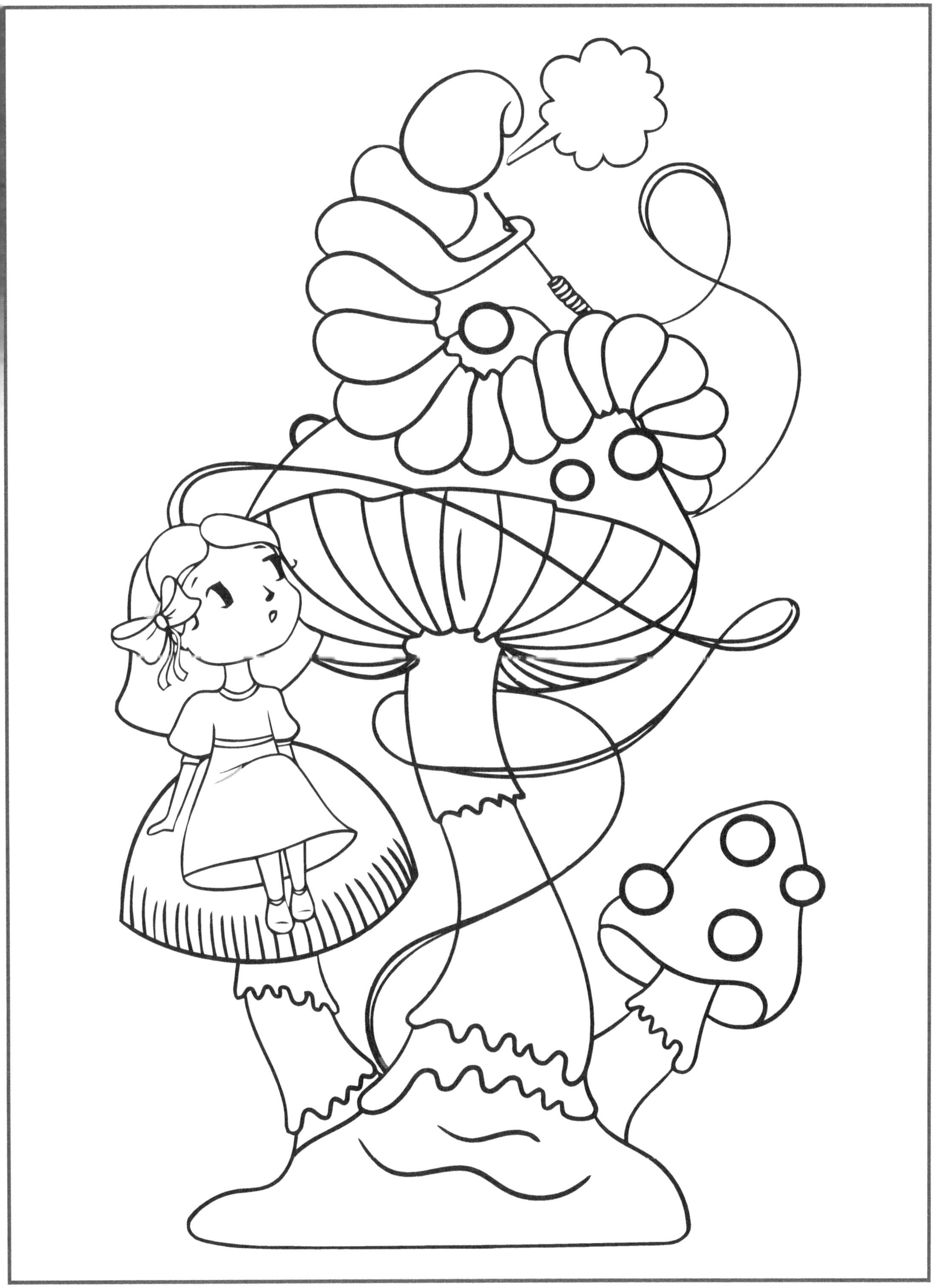

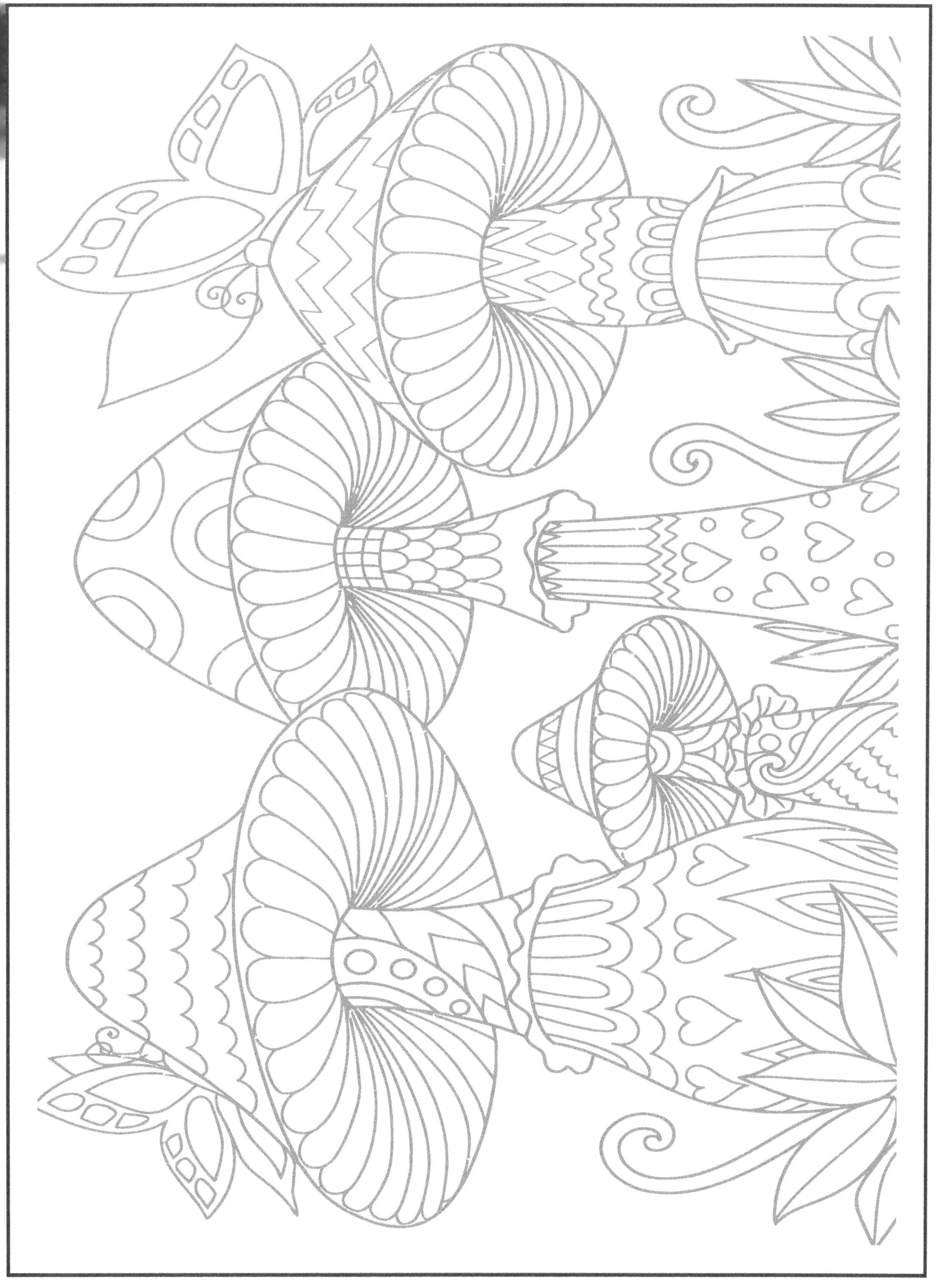

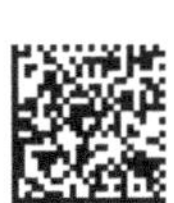